Abaixo da Melancolia

Editora Appris Ltda.
1.ª Edição - Copyright© 2024 do autor
Direitos de Edição Reservados à Editora Appris Ltda.

Nenhuma parte desta obra poderá ser utilizada indevidamente, sem estar de acordo com a Lei nº
9.610/98. Se incorreções forem encontradas, serão de exclusiva responsabilidade de seus organi-
zadores. Foi realizado o Depósito Legal na Fundação Biblioteca Nacional, de acordo com as Leis nos
10.994, de 14/12/2004, e 12.192, de 14/01/2010.

Catalogação na Fonte
Elaborado por: Dayanne Leal Souza
Bibliotecária CRB 9/2162

R672a 2024	Rocha, Túlio Abaixo da melancolia / Túlio Rocha. – 1. ed. – Curitiba: Appris, 2024. 85 p. ; 21 cm. ISBN 978-65-250-7206-7 1. Melancolia. 2. Filosofia. 3. Angústia. 4. Escrita. I. Rocha, Túlio. II. Título. CDD – 800

Appris
editora

Editora e Livraria Appris Ltda.
Av. Manoel Ribas, 2265 – Mercês
Curitiba/PR – CEP: 80810-002
Tel. (41) 3156 - 4731
www.editoraappris.com.br

Printed in Brazil
Impresso no Brasil

Túlio Rocha

Abaixo da Melancolia

artêra
editorial
Curitiba, PR
2024

FICHA TÉCNICA

EDITORIAL	Augusto V. de A. Coelho
	Sara C. de Andrade Coelho
COMITÊ EDITORIAL	Marli Caetano
	Andréa Barbosa Gouveia (UFPR)
	Edmeire C. Pereira (UFPR)
	Iraneide da Silva (UFC)
	Jacques de Lima Ferreira (UP)
SUPERVISORA EDITORIAL	Renata C. Lopes
PRODUÇÃO EDITORIAL	Sabrina Costa
REVISÃO	J. Vanderlei
DIAGRAMAÇÃO	Amélia Lopes
CAPA	Danielle Paulino
REVISÃO DE PROVA	Bianca Pechiski

Esperando que um mundo seja desenterrado pela linguagem, alguém canta o lugar em que se forma o silêncio. Depois comprovará que embora se mostre furioso o mar não existe, nem tampouco o mundo. Por isso cada palavra diz o que diz e aliás mais e outra coisa.

Alejandra Pizarnik

Para Thaís.

SUMÁRIO

Capítulo I 9

Capítulo II 14

Capítulo III 18

Capítulo IV 22

Capítulo V 27

Capítulo VI 28

Capítulo VII 32

Capítulo VIII 36

Capítulo IX 40

Capítulo X 44

Capítulo XI 48

Capítulo XII 51

Capítulo XIII 56

Capítulo XIV 60

Capítulo XV 61

Capítulo XVI 67

Capítulo XVII 68

Capítulo XVIII 70

Capítulo XIX 75

Capítulo XX 77

CAPÍTULO I

Concebo na tela mental alguns pormenores que, de momento, poderiam satisfazer um dos primeiros pensamentos quanto a continuidade de uma certa sanidade relativa. Por que eu nunca consigo ter e me contentar com uma ideia sobre mim que seja simples e direta? E surge também outro ponto, não tão simples de estar bem acomodado sob uma trivialidade casual de pensamento: a infinitude da vida em mim e suas relações múltiplas com uma percepção efetiva ou a ausência dela. A questão interessante a princípio pode ser a antítese de uma condição peculiar de familiaridade com o como as coisas são como são, ou aparentam ser, sem indícios de um desassossego qualquer. E como uma fonte de insights, enlouquecidos, profundos, insanos ou tolos, posso me encontrar por alguns instantes, ou me perder em um abismo sombrio e frio, e nos dois casos me cumprimentar, me observar, me rever de alguma forma. É como ouvir o segundo movimento da Nona de Dvorak em uma manhã fria de inverno, por exemplo. Uma inquietação, uma náusea, um estalo, um não pertencimento, uma clareza, um pesar, um sentido. Ou possa ser simplesmente algo circunscrito, fugaz, mas com uma constância ilusória que me leva a um estado pelo qual não sei bem como emergi, ou me entreguei, ou fui coagido.

Ou como uma impressão de relevância em algum grau que uma época causa quando vista do futuro, oriunda em uma energia romântica, quase sempre numa espécie de nostalgia buscada ou gerada pela insatisfação do agora. Porém, a condição de uma percepção atemporal de nós mesmos, não religiosa, não metafísica, mas na contemplação da exuberância de cada instante, pode ser, em tese, uma das mais belas formas de encontro consigo mesmo, ou os primeiros passos para tal: uma transcendência íntima, um entendimento soliloquial; como contemplar sucessivamente obras de arte que se refazem sem cessar. E qual a finalidade última da arte? Talvez reaver este mundo, ou evidenciá-lo tal como ele é. A arte pode ser ao mesmo tempo, algo dentro das nossas capacidades e fora das nossas possibilidades, mas que inexplicavelmente nos impulsiona, nos eleva e nos faz respirar, e que, em suma, é a própria respiração, o próprio existir. Ademais, o que sou eu senão um incomodado e impreciso grão de poeira ao vento rígido de um entardecer triste, que no deserto de uma obsessão voraz se devora, assaz embevecido, inconsequentemente desperto, vivo? ...

— Senhor, o café irá fechar em 10 minutos.

— Ah! Tudo bem.

— Ok — disse a garçonete enquanto caminhava de volta ao balcão, e a sua colega que estava no caixa, com um semblante impaciente, balbuciava algo como "esse homem vem aqui quase todo dia escrever nesse caderno, e todo dia temos de lembrá-lo que o café irá fechar".

Paguei a xícara de café, peguei minhas coisas e saí, como sempre, satisfeito pela hospitalidade. E não me dirijo ao sarcasmo. Elas eram, muito amiúde, taciturnas e concisas, e isso tornava o café, para mim, um ambiente acolhedor e agradável. Pois quando os outros estão dispostos a exprimir uma prolixidade, independente do teor, só pela necessidade

ABAIXO DA MELANCOLIA

narcisista ou carente de se expressar, ou por odiar ou temer, se entediar ou se deprimir, com o silêncio, torna-se uma atmosfera imensamente desagradável e infeliz. O que, nesse caso, geralmente não acontece. Uma delas, a que geralmente ficava no caixa, tem o hábito de ficar olhando para um ponto qualquer, com uma certa concentração curiosa, como se observasse algo demasiadamente atrativo e fora da vista comum, ou simplesmente olhando sem necessariamente ver, provavelmente perdida em divagações quaisquer, às vezes era necessário mais de um "Olá" ou "Fecha a conta, por favor" para ela voltar a si, voltar à terra. A outra já é mais atenta, direta e objetiva, apesar de loquaz quando um certo assunto lhe interessa, frequentemente, porém, com a companheira apenas, os clientes não faziam aparentemente, na minha observação, parte de seu rol de interesses.

Ao caminhar em meio aos prédios, como se fossem monumentos erguidos à solidão humana, eu sentia o peso dos dias a se desdobrarem como páginas amareladas de um livro esquecido, observava o trânsito, os ruídos, os transeuntes, os semblantes, o céu, o chão, pensei na gravidade. A brisa fresca do entardecer me trouxe pensamentos diversos, um deles, a minha vida, ou melhor, o que eu estava fazendo dela, ou o que estava deixando de fazer. Sempre um martírio ir por esse ou aquele caminho, optar por tal ou qual deliberação, necessariamente ter que se dispor a decidir algo, mesmo se for por não decidir nada, que também é uma decisão. É sempre uma angústia permanente e algoz. Falando em algoz, mesmo quando a primeira depressão atingira o seu paroxismo, poderia dizer que houve uma constância singular em sua estadia, não em um auge de eloquência melancólica, mas na suposição quase prática de que havia ali, algo salutar que posteriormente se mostrasse um benfeitor nas engrenagens de todo o conjunto. Não intuito racionalizar tais características, até porque as idiossincrasias da razão têm o hábito de querer engessar a vida, seja dessa ou daquela forma.

— Olá, Sr. Moreau.

— Sr. Jérôme.

Entrei em casa rapidamente. Meu vizinho não é uma má pessoa, pelo menos eu tinha essa impressão. E quais características são necessárias e em que grau para uma pessoa ser considerada má? Supostamente ele também morava sozinho, nunca cheguei a perguntar, mas nunca o vi acompanhado, na verdade nunca conversamos mais do que cumprimentos e algumas observações triviais. Nele havia traços de uma pessoa solitária, mas que parecia não se incomodar com isso, um ar de indiferença, que eu aliás, nunca soube decifrar. Mas seguindo de onde parei, ao mesmo tempo em que a linguagem tem os meios de transpor e entender a realidade, ela se deteriora pelos próprios meios. E a maneira de uma música ao fundo em um café ou de um cheiro de terra molhada quando começa a chover, há quase sempre uma predisposição a retornar ao que já foi, ou a buscar o que já não há. Há, porém, um certo deslocamento temporário entre o que sinto que pode ser, ou vir a ser, ou se transformar, se dilatar, o ser se conjugando naquilo mesmo, condicionado simplesmente, ou constantemente ausente, metafisicamente falando, em que minha percepção não encontra nenhuma sustentação, ou melhor, nenhuma saída palpável ou meramente justificada em si mesma. E como proceder? Como salientar a si mesmo sobre essas paragens íntimas perspectivadas sob um loop abissal complexo?

Preciso escrever isso antes que eu esqueça. Na verdade, por que preciso escrever? Ou melhor, por que escrevo se nem sequer penso em publicar? Além do mais, qual editora me aceitaria? E outra, a sociedade em sua maioria espera encontrar nos livros que lê, quando lê, uma corroboração de suas graças, de suas linguagens e de seus vínculos, quando não, uma dissonância pode advir. E como aquilo que já escreveram: tem algo de errado comigo além da melancolia. Pensar nisso me deixa angustiado, mais do que o já habitual. E posso tentar me imaginar perpendicularmente ligado a uma ideia que de início, trouxera pressupostos indispensáveis ao todo, ou resquícios auxiliares, contíguos a um determinante alvo, ou objetivo, ou projeção, mas que durante o trajeto percorrido, ou no decorrer de uma observação prática em análise, o sentido se esvai, como uma renovação, ou um suicídio, uma espécie de apoptose imaterial. Mas qual o deleitamento? Em que área ou estágio fugazmente percebido pode se caracterizar como algo aprazível? O pior é eu me sentir indiferente a todas essas coisas, por mais que me esforce ou racionalize, debalde se faz. No fim retorno ao mesmo vazio, impassível e frio. Enfim, estou sem fome. Hoje foi um dia péssimo. Mais um dia, menos um dia, quem é que sabe? Sei que o mundo existe e que em paralelo existo em certa medida, e isto é só.

CAPÍTULO II

Desperto-me imbuído de uma soturna insociabilidade. Não quero sair de casa hoje, mas preciso ir à biblioteca, mas penso, por quê? O que me rege de maneira que desconheço? Uma preocupação moral, amor ao destino, revolta? É insólito talvez, imaginar que uma propensão intelectualmente alicerçada em certos eventos até então triviais, se apropriaria de uma provável metodologia hermeneuticamente sintetizada, mas abrangente a ponto de se estender indefinidamente. E objetivando o quê? Ou melhor, estabelecendo quais critérios ou deduções que, sob um mecanismo eficaz e transparente pudesse chegar a um estado de razão ou compreensão que constituísse meios de ser em si mesma? E onde uma liberdade se encaixaria? Talvez duelando consigo mesma, numa exaltação de delírio e confiança. Sim, a sinto muitas vezes, mas sob outras perspectivas, claro, ordinariamente o contrário se efetiva. Refiro-me a uma amplitude demasiada distante de qualquer mero acaso analítico fixo. Uma das causas que relativamente dificulta é a inabilidade de coesão, ou a interpretação, ou a criação, ou a confrontação, ou ainda o obstáculo de continuidade de um determinado ponto, ou até mesmo, a cristalização de um conformar-se mínimo, ou seja, o além disso, desnecessário, ilógico, porque há uma tendência em se perceber que já há o suficiente. A questão relativamente pertinaz está numa espécie de síndrome de auto definição, caracterizada proeminentemente pela insubstituição de acepção e permanência de valores, de medidas, de coercitiva influência e admissão irrestrita de condicionamentos variados. Tal condição constitui uma ponte inversamente alicerçada sob aspectos lógicos, que em princípio, desproporcionais a qualquer intento de aplicação, a priori ou não, de uma objeção saudável, liberta, em uma busca eminentemente reta da verdade, ou melhor, de suas sombras em sua neutralidade.

Logo ao entrar, percebo que esqueci o livro que tinha que devolver. Penso tanto e ao mesmo tempo não penso nada, sem dúvida, um axioma desalentador. A fatuidade de algumas observações, me levam, às vezes, a criar certas semânticas que em certo estágio retribuem-me de forma falaz. Mas, já disse, posso mudar de ideia, afinal, iria para a fogueira por mudar de opinião em quantas vidas fossem necessárias, e vidas aqui no sentido de recomeço. Eis a liberdade, ou a ideia utópica dela, ou o encontro, a fuga, a suposição, a deliberação natural, ou um transcender auto justificado.

— Sim, estou ciente da multa. E, por favor, William Wordsworth, onde fica mesmo?

Não me recordo em que fase precisamente comecei a gostar dos poetas, mas sei que de certa forma suas linhas já faziam parte da minha natureza antes mesmo de retê-las. Vagar tão solitário quanto uma nuvem, muitas vezes era só o que poderia se dar, outras vezes, havia uma busca imprescindível por isto que nenhuma outra coisa poderia se opor. Como se houvesse um desejo incontido de caminhar por paisagens desoladas, sentindo um vento gélido que trouxesse contigo, traços sombrios que se identificassem perfeitamente com as profundezas nubladas de meu ser.

Cumprimentei com um aceno sutil um homem que, quase toda vez que venho à biblioteca o vejo, ora lendo um livro qualquer, ora lendo um jornal, ou apenas apreciando o nada com uma certa impaciência. E disso se tornar algo meio que corriqueiro, de certa forma comecei a vê-lo como relativamente alguém perto de ser denominado como um conhecido, e tenho a impressão de que talvez seja um sentimento recíproco. Embora eu pense muitas vezes que para ser feliz ou para se distanciar o máximo possível de seu contrário, é preciso não se envolver muito com os outros.

Uma funcionária que quase sempre estava com um All Star azul escuro, já bem usado, com duas ou três pequenas tatuagens no braço esquerdo, que, se não me engano tinha algo a ver com licenciatura ou pedagogia, talvez professora, ou futura professora, me lembrava com uma certa insistência, pelo sorriso largo, o humor, a espontaneidade, a evidente inteligência e claro, o amor pelos livros, de uma querida amiga. Em certos momentos penso que algumas pessoas se vão, e amiúde, o melhor de nós que achávamos que existia, também. Muitas vezes só a literatura consegue nos manter minimamente vivos, enquanto a vida em si costuma não mais trazer tantos regozijos, eis meu caso. Mas ainda assim, vira e mexe, posso me apaixonar por uma causa estranha à minha vida cotidiana, e sem prestar contas, pois no momento em que me livro de minhas desculpas, me livro também dos meus álibis. Embora essas paixões possam ser tão passageiras como chuvas de verão, sem forças diante de invariáveis estados de um desassossego intrínseco. Mas seria imprudente dizer que o que penso ou escrevo, sempre indique corretamente determinada coisa no mundo ou determinada noção, à guisa de *Ceci n'est pas une pipe*[1]. Tudo não passa de esboços de esboços,

---

[1] *Isto não é um cachimbo*, de René Magritte, 1929.

ABAIXO DA MELANCOLIA

suposições instáveis que podem se manter por um tempo, se aperfeiçoando ou não, porque pode haver belas rosas, mas no fim, inexoravelmente, todas morrem. E a linguagem sendo um prolongamento dos sentidos, não adianta seguir por esta ou aquela técnica, a experiência subjetiva ultrapassa, geralmente, as objetivações que coloco através delas. Do centro até em casa não passa de 15 minutos, mas comumente levo mais de meia hora. Gosto de caminhar sem pressa, com a sensação de que não tenho nenhum destino, nenhum lugar para voltar, nenhuma meta a que aspirar ou uma dádiva a que esperar, e no fundo, eu não tenha mesmo. E sinto, a propósito, uma leveza exuberante nisso. Embora paradoxalmente, com a pretensão de me restituir à atemporalidade, possa permanecer, talvez, entre outras coisas, nos escombros de um amanhã em que o tempo não se situe.

CAPÍTULO III

Meu olhar vagou pela disposição costumeira dos objetos e detalhes que, abrigando minha essência, era como se o quarto tivesse uma alma que se mesclasse à minha, e com cada fio de luz que dançasse pelas frestas da cortina, surgisse um contíguo convite à introspecção, a um mergulho incontido neste turbilhão de pensamentos que, debalde, pudesse haver qualquer resistência. Sem preâmbulos, entreguei-me ao aconchego do edredom, com a certeza de que ali — embora sem certezas — passaria o dia. Até porque, ela já estava presente: Oh melancolia, companheira leal das almas inquietas e sensíveis! Não sei se um dom ou uma maldição. Uma travessia entre o êxtase da contemplação e o desespero de sentir-me alheio ao mundo. Trazendo consigo sempre um olhar aguçado para as nuances da experiência humana, uma percepção sutil dos pormenores que consuetudinariamente se escondem por trás de um véu em que só ela, a melancolia, poderia outorgar acesso. Não tenho condições de salientar precisamente em que ponto da existência vi-me absolutamente melancólico, como se a natureza, as estrelas, toda a química existente, cumprissem o seu papel unicamente para estabelecer, entre mim no mundo e uma consciência de mim no mundo, uma linha tênue saturada de tamanha angústia. E o que é a consciência? Diria que entre outras coisas e por hora, ela seja, talvez, ao mesmo tempo e em incessante progresso, uma recordação intuitiva massiva e uma dimensão processual profundamente complexa.

Cochilei em meio aos papeis; são tantas páginas, e elas estão por todo lado, no exterior e em mim. E muitas vezes sinto que não disse nada, ou que não consegui dizer o que queria, ou que o que disse não foi o suficiente, como um modesto barco conceitual diante de um mar incompreensível. Mas talvez não seja nada além de uma tentativa de conceber ou buscar algum sentido, mesmo momentâneo, translúcido, pois toda obra literária é por si só, um apelo, um grito que precisa se desvencilhar e vir ao mundo. E concomitantemente, esse mundo, inóspito e indiferente, parece me espreitar e me desafiar a buscar tais sentidos em meio a própria inexistência deles. Pois só um vazio, um inquietante vazio que se revela como uma força avassaladora, uma presença constante e sufocante que me consome de dentro para fora, e através dessa presença, vislumbro fragmentos de quimeras que se desvanecem antes que eu possa entendê-las plenamente, ou simplesmente ter uma vaga noção de algo além do subjetivamente indefinido. Essa contingência perspicaz e indomável que traz entre outras coisas, essa banalidade cotidiana, essa inautenticidade, onde a teia do existir, idealizada ou sentida, figurada ou adstrita, não passasse de uma fumaça fantasmagórica de um instante que nunca existiu. Mas o que para uns pode ser a luz brilhante da verdade, para outros se revela como sombras fugidias de uma realidade simplesmente perspectivada. E me encontro neste segundo grupo. Ou melhor, não me encontro em grupo nenhum. Sim, eu penso contra eu mesmo. Penso até que a questão fundamental da filosofia pode não ser julgar se a vida vale a pena ou não ser vivida, mas sim, antes de tudo, se a natureza humana tem realmente condições minimamente aceitáveis de responde–la — evidentemente não só essa — com uma lúcida precisão, primeiro porque imaginar uma genuinidade em qualquer suposta lucidez é completamente irrisório, e segundo porque a maneira de um pássaro esquivo sempre além de nossas mãos trêmulas, se encontra essas intenções, essa ingenuidade quase congênita de se iludir quanto a axiomatismos. Pois não existe eufemismo que suavize nossa invariável condição de seres míopes. Tudo o que se vê, se vê através de estreitas frestas, e muitas vezes não há frestas além daquelas que queremos crer que lá estejam.

Batidas na porta.

Batidas na porta de novo.

Sem poder me manter fiel aos meus planos, saí da cama.

Sr. Jérôme aparentemente não está em casa. Claro que posso receber a carta do meu vizinho. Apenas um favor convencionalmente aceito, uma atitude socialmente óbvia, mas enfadonha.

Não estou com sono, e nem vou sair, que como já disse, nem quero. Mas avizinha–se sempre essa necessidade pulsante de verter o turbilhão interno em letras, palavras, frases e textos, como se eu buscasse de modo incessante uma inalcançável compreensão, primeiramente de mim mesmo. Um empreendimento solitário e ao mesmo tempo universal, com a vulnerabilidade adjunta de se expor. Essa experimentação do vazio e a dúvida que nasce nela e também sobre ela mesma, a linguagem. No entanto, como posso traduzir a profundidade de minhas experiências internas em palavras que façam justiça à riqueza de suas nuances? Parece insano tentar capturar a essência de algo que muitas vezes é indescritível, mas pode ser justamente nesse hiato entre o que é sentido e o que é dito, ou pensado, nesse jogo de equilíbrio entre o que é expressado e o que fica subtendido, que nos deparamos face a face com a arte. A escrita poderia até ser um hobby, no início, mas foi se tornando uma necessidade, uma parte intrínseca e vital de quem eu era e de quem me torno a cada página. Ela é, basicamente, um sopro que me faz continuar, e apenas continuar, é a maior conquista.

CAPÍTULO IV

— O lá, posso? — Disse-me, apontando a cadeira.

— Fique à vontade — respondi, sem qualquer alacridade.

— Pelo jeito você continua vindo aqui todo santo dia?

— Com raras exceções.

— Há tempos não nos vemos. Também, não tive mais trabalhos por aqui, até surgir algo essa semana.

— Com licença, bom dia. Qual será o seu pedido? — Perguntou a garçonete ao Sr. Gautier, a que se perdia geralmente em suas divagações.

— Bom dia. Um expresso, por favor.

— A editora anda meio devagar? — Perguntei, assim que ficamos sozinhos novamente.

— Até que não. Só não tem aparecido nada por essas bandas mesmo. Aliás, vejo que continua escrevendo. Quando iremos publicar algo?

— Presumo que nunca.

— Diz isso porque acha que não vai concluir ou porque não pensa em publicar?

— Talvez um pouco dos dois. Escrevo porque necessito, simplesmente.

— Eu li algumas páginas, e lhe digo que com certeza publicaria.

— Você fala isso por gentileza, e também por supor que quase temos uma relação de amigos.

— Jamais. Estou há décadas nesse ramo, sei se algo tem valor ou não assim que bato o olho. Mas, dessa vez não vou insistir.

— Agradeço.

— Mas me conta, e a vida, como está? Conheceu novas pessoas? — Ele perguntou antes de dar uma risadinha sutil e ao mesmo tempo inconveniente.

— Você faz as mesmas perguntas, e eu respondo a mesma coisa.

— Essa sua tendência em ficar sozinho, viver sozinho, praticamente uma misantropia estranha.

— Não é que eu não goste de pessoas, já comentei isso, não que eu goste também, mas me sinto confortável estando apenas comigo mesmo. E necessito disso, a maneira de corujas com seus voos silenciosos que buscam na escuridão noturna meios de sua própria sobrevivência.

— Olha, se eu já não te conhecesse um pouco, diria que você é estranho. Na verdade, você é sim, bem estranho. Mas vem cá, o que quis dizer com "eu supor que quase temos uma relação de amigos"?

— Não é óbvio?

— Não. Não é!

— Ao todo nos vimos quantas vezes desde a primeira vez a qual você se sentou na minha mesa por qual razão eu desconheço? Três vezes? Além da quantidade, não que exista um número x de interações que seja o mínimo para se criar uma amizade, há também a questão qualitativa. Pois embora tenhamos conversado bastante até, e eu tenho apreciado esses momentos como estou apreciando agora, que aliás, não é muito comum, sinto que há uma diferença fundamental entre nós que impeça que se desenvolva uma amizade, assim, digamos, legítima. Mas já adianto a fim de não se sentir ultrajado ou magoado, ou qualquer sentimento pejorativo a meu respeito, que isso não se aplica apenas ao Sr., muito pelo contrário.

— Meu amigo, ou melhor, se posso dirigir a você assim, me sinto lisonjeado e incomodado ao mesmo tempo. E eu me sentei na sua mesa porque já tinha visto o Sr. escrevendo algumas vezes, e fiquei em algum nível, curioso. E continuarei a te denominar como amigo, mesmo não sendo recíproco.

— Os nomes e seus significados são apenas uma forma limitada de nos referirmos à realidade. Apesar de serem úteis para a comunicação e a organização do mundo, são somente criações humanas, que no fundo não conseguem abranger totalmente essa complexa e multifacetada realidade. Mas me chame como quiser.

— De qualquer modo, você é meu amigo e pronto. E hoje, vai almoçar por aqui mesmo?

— Não, daqui a pouco preciso ir para casa.

— Muitos afazeres, compromissos?

— Nenhum, além de ler, escrever.

— Pensei que aproveitaríamos para colocar a conversa em dia.

— Haverá outros ensejos.

— Claro. Partirei amanhã ao meio dia, e volto em duas semanas, para finalizar o contrato de uma obra de um autor daqui.

— Que gênero?

— Autoajuda.

— Eu não leria, nem se ficasse fechado em uma cela por meses só com uma obra dessas.

— Mas por quê?

— É próximo ao que acabei de dizer sobre nomes e significados. Por exemplo, a minha alegria pode não ser a sua alegria, nem a alegria da garçonete, e as suas alegrias podem não ser as minhas, e as minhas alegrias deste instante podem não ser mais as minhas alegrias daqui a pouco. E no lugar de alegria poderia ser vontade, metas, empolgação, prazer, desejo, entusiasmo, sentimento etc. Não existe fórmulas, métodos, modelos, sistemas, regras, dicas, de qualquer área ou foco que seja, que possam possuir a maior verdade, a maior lição, a asserção última. Qualquer ato, qualquer intenção, qualquer pensamento que tenha a pretensão de se estender universalmente, na forma de um axioma perene, é como uma cobra faminta que come seu próprio rabo e ilude os incautos.

— Nossa, Maksim! — Ele deu um gole no café, me olhou por um instante e continuou — Se fosse por você então, diria que seria de bom senso cancelarmos o contrato com o autor?

— Não foi o que eu disse. Até porque sob suas perspectivas é um ótimo negócio, porque é um gênero que vende bem. Porque qualquer coisa que possa tirar, mesmo por um momento, embora ingenuamente, a angústia de ser obrigado a fazer escolhas o tempo todo e lhe dar com suas consequências, é um deleite, um peso que sai dos ombros, uma nítida transferência de responsabilidade. Mas como disse, tal intento pode ser atraente e de certa forma, justificável até certo ponto, mas para mim não tem sentido algum, tanto nele em si mesmo como na adesão de si por outros. Bom, preciso ir agora.

— Que pena. Queria poder prolongar esse tema com você, e outros, aliás.

— Fica para próxima. Até, Sr. Gautier.

— Até mais, Maksim, um prazer revê-lo.

CAPÍTULO V

Levanto-me da cama angustiado, com um aperto no peito, uma sensação gélida na área do estômago que me atordoa e suscita uma súbita vontade de chorar. No espelho encaro sem nenhum entusiasmo um olhar quase desfalecido, e nele de repentino, sinto a exaustão quase tangível de uma alma atroz abatida. E ali, a escova usada, o creme dental amassado, a água saindo da torneira, o chão gelado nos pés, tudo se torna detalhes lancinantes de uma tortura. O ar é denso, como se o mundo estivesse sufocando, e ele está, o meu mundo, a se desmoronar internamente. O passado, uma ferida aberta, o futuro, um vácuo sem forma. Um desejo? Não existir, não sentir, não ser nada, além de um ponto final, uma saída, uma fuga, tanto faz. O que importa é que nada importa, e quanto a isso, não há o que se fazer, nem o que se buscar, nem esperar, nem tentar, o que existe é só o que não deveria existir, o que não deveria ser, nem se tornar, porque nada se torna, só se perde, se corrói e se esvai. Não há vida se na própria vida não houver vida. Há um limite do que se possa suportar, mas não há um limite para a sobrecarga que é imposta. Há uma escolha? Não, não há. O vazio permanece, alastrado, sem respostas, sem plateia, um grito sem som, e nele existo, sem alegria, sem sentido, sem querer.

CAPÍTULO VI

Infundir-me intranquilidade, eis uma das características do encontrar-me jogado neste mundo tem como primazia. Talvez isto seja só alguns indícios de uma gramática elementar de minha natureza, ou ainda sutis traços corroborativos de que as coisas evoluem segundo a ordem do tempo, nesse caso, uma progressão da permanência dessa angústia. Um fardo, uma sombra, uma teia que abrange a existência em sua essência mais recôndita e escura. É preciso uma consciência para refletir acerca da angústia e uma angústia para buscar respostas em si mesma. Se aproximando de certo modo da morte, pois refletir sobre a vida pode ser contemplar a morte, e contemplar a morte pode ser um prelúdio para um entendimento relativamente mais nítido da vida, não que isso seja benéfico ou eficaz, dependendo da estrutura erguida ou alcançada, que por sua vez na verdade, amiúde alicerçada sob frágeis condições em que um êxito mesmo translúcido, ou um suposto equilíbrio aparente, fosse tão utópico como a ideia de poder se desvencilhar por total de um certo nível após a constatação lúcida dele mesmo. O que podemos esperar? Se é que tal atitude seja lícita e digna de qualquer empenho. Mas ao contrário do que se possa pensar, muitas vezes até com uma certa frequência, e saliento que eu próprio me incluo em um momento ou outro ao menos, onde uma certa substância amigável ou sutilmente apraz surge depois de indícios, assim, perto de uma obviedade, ou se faça opaca inopinadamente nas entrelinhas de um possível estalo, mais fundo, que logo adiante, como placas de uma rodovia seguindo uma ordem quase que milimetricamente perfeita, se estende um trajeto, ou poderia se imaginar que se estenderia um trajeto, um percurso pelo qual fosse possível conhecer ou conceber toda a extensão ali, situada, e ao mesmo tempo, ter um referencial ou mais de um dessa mesma origem, na condição de um antípoda que em si possuísse uma clareza, mesmo que inconstante mas ampla, e pudesse se dar a esse luxo quando bem entendesse, e esse luxo viraria uma necessidade que começaria quando a necessidade da escassez no conformismo se saturasse ou desse sinais de um fim. Estou me sentido atordoado de novo, mas não com a mesma aflição da manhã. Ah, ela vai puxar conversa, passando exatamente por onde estou com certeza vai puxar conversa!

— Boa noite, Maksim.

— Srta. Émilie!

— Você tem falado com o Sr. Jérôme?

— Entreguei uma carta a ele há alguns dias, mas só.

— Nossa, provavelmente a carta trágica, coitado.

— Desconheço a sua natureza.

— Então, soube pelo Sr. Vincent da estação que a carta era de uma instituição estrangeira onde a mãe dele estava internada, avisando que ela faleceu.

— Trágico mesmo.

— Pois é. Quando ele voltar, pretendo ir dar-lhe um abraço, se quiser me acompanhar, me avise. Bom, preciso levar essas compras. Até mais.

— Até.

Se a minha memória não falha, conversei três vezes com a Srta. Émilie até agora, e em todas elas parecia que para ela fosse como se nos conhecêssemos há anos, ou fossemos até consanguíneos, primos confidentes que seja, pois havia sempre uma necessidade de me deixar a par de coisas que não poderiam de jeito nenhum — na concepção dela — fugir do meu conhecimento.

E após quase meia hora continuo sentado no mesmo banco, não escrevi mais desde a passagem da Srta. Émilie, não porque perdi o fio da meada, mas porque fiquei observando os detalhes dentro desse parcial breu solitário: as árvores, à medida que a brisa noturna acaricia suas folhas, sinto como se sussurrassem antigos segredos em um tom nitidamente triste; a lua, majestosa, mas de uma beleza fria, com sua luz contrastando com as sombras e as luzes das arandelas de ferro estilo colonial dos postes, como se duas divindades angelicais disputassem domínio sobre a escuridão, ou simplesmente entre si mesmas, submissas às trevas que já administravam as redondezas. Mas concomitantemente, sei que é só meu cérebro pegando minha percepção sensorial e construindo uma realidade que faça sentido, ou o que pode ser chamado de momento presente, uma mera ilusão, sendo que em si deixa de ser o tempo todo ao mesmo tempo em que é o tempo todo algo vindo a ser.

Cansei desta praça e dos meus pensamentos. Só uma coisa faz sentido agora: ir para casa. Quatro horas da manhã e estou desperto como se tivesse dormido direto dois terços de um dia, ou ingerido alguma substância que estimulasse o sistema nervoso central, gerando uma certa agonia hiperativa. A aflição não notifica o momento de sua visita, apenas chega sem pedir licença e às vezes chutando a porta aos berros. Não que passasse pela minha cabeça pedir ajuda, até porque não tenho certeza de sua eficácia e também nem incomodaria ninguém, mas a consciência de notar que isso não seria possível mesmo se eu quisesse, me causa um certo temor e um tremor nas extremidades. Nessa excepcionalidade, me deparar absolutamente sozinho pode ser, em alguns instantes, a culminância excruciante possível a um ser humano. Mas de repente, um simples pensamento me aquieta: quando é que não estou absolutamente sozinho?

CAPÍTULO VII

Na infância tinha o hábito de me esconder embaixo da cama, ou embaixo da mesa na cozinha onde uma toalha se estendia até poucos centímetros do chão, adorava a sensação de não ser visto, não ser notado, de não me expor, e poder contemplar meus pensamentos distante de qualquer projeção alheia, de qualquer estímulo interativo que quebrasse as ligações mágicas da minha própria imaginação. Era como se o mundo dos outros fosse apenas dos outros e o meu fosse apenas meu, ambos existindo ali, mas sem se darem conta um do outro. E em uma dessas vezes, nesse refúgio deleitante e necessário, me derramei em copiosas lágrimas, porque simplesmente queria entender a morte em seu mais profundo e exato significado, descontente com qualquer explicação de ordem teológica. Mas como há de se presumir, não obtive êxito algum. Não sei exatamente porque tais lembranças vieram à tona, mas é agradável pensar que, em essência, ainda sou aquela mesma criança, claro, não entrando mais debaixo de mesas ou camas, mas continuando a buscar respostas, me isolando e ainda me incomodando com tanto despautério. Na verdade, esse incomodo vai além de qualquer especificidade, abrangendo até ele próprio. Uma espécie de loop infernal onde não existe a

ABAIXO DA MELANCOLIA

possibilidade de uma paz, a maneira de um carimbo enorme na palma das mãos, ou intrínseco à retina, ou insistentemente me acompanhando e invisível aos outros[2], um carimbo com um enorme símbolo de interrogação que ficasse atormentando até a coitada da almofada onde ele se bate sem parar. E não há nele nenhuma piedade, nenhuma consideração, nenhum tipo de isenção, como carimbar mais suavemente algumas coisas, seja por esse ou aquele motivo, ou até fazer vista grossa em algum momento. Não, fora de cogitação! Tanto que o próprio corpo do carimbo é carimbado por ele mesmo repetidas vezes. E não há como determinar ou delimitar o seu nascimento ou a sua chegada, se sua aproximação foi brusca ou gradual, ou até mesmo congênita. Já abdiquei de qualquer tentativa de encontrar a sua causa, a sua justificação, o seu fundamento, a sua intencionalidade, pois parece não haver nada além do fato de obstinar-se a me levar à loucura.

Estou me sentindo aparentemente feliz, e isso é absurdamente estranho. Além de que, me sinto ridicularizado, ou sem um dos dedos da mão, ou mais de um, com dificuldade de pegar qualquer simples objeto, ou coçar as costas, mas que raios a felicidade tem a ver com essas coisas? Esse maldito carimbo! Mas reconheço que essa angústia feliz, se é que posso chamar assim, também soa uma naturalidade, uma predisposição quase que autônoma, que, por vezes, suscita-se em vista de uma perda significativa, e claro, percebida pelo carimbo quase que instantaneamente, de uma nitidez, uma lucidez, uma perspicuidade, uma delicadeza, sempre relativas, mas que no geral, estão ali, companheiras, cúmplices, mais que isso, parceiras de dança até, ao compasso de uma peregrinação incansável sob um crepúsculo eminentemente cinza, chuvoso, que, supostamente e às vezes, contrárias ao oposto disso. Ou

---

[2] Como um Shinigami que adora maças. Death Note, Tsugumi Ohba, 2003.

posso estar enganado, e seja simplesmente só a angústia na própria angústia, proeminente e intocável. Pois é, intocável. Nem o maldito carimbo consegue surpreendê-la. Talvez seja ela própria o carvão que mantém ele nos trilhos, veloz, vivo, ou ele nada mais é do que uma linha de produção em tons escravocratas, que nos dois casos, obviamente, ao bel prazer dela. Já não estou mais aparentemente feliz, um alívio. Nada pode justificar o fato de alguma coisa existir, logo, incoerente discutir acerca da minha natureza melancólica. Assim como o mundo que eu buscava e sentia embaixo das camas e mesas, esse aparente bem-estar nas sombras, esse desespero cordial, essa clareza na densa neblina, me pertencem. É como uma música que ninguém além de mim escuta, e só eu pudesse dançar. Apesar de que tudo não passe de um mísero conjunto de eventos, acontecimentos que são monótonos por um tempo, e a consciência dessa e muitas coisas é só uma enfermidade que do berço ao túmulo vai me corroer, e é isto. Há sim, instantes em que por minha própria resistência nenhum pensamento se assenta, legitimamente. É como se batessem à porta, sem abri-la, e eu visse através da cortina quem é, vendo todas as características e intenções, e nisso ele, ou o que for, me nota, sabe que eu o sinto e o vejo ali, despido, logo após, me encara, com uma suplica amigável e às vezes, uma cólera, mas nesse ínterim não pode forçar a entrada. Se não tomo nenhuma iniciativa, muitas vezes ele se afasta e dá lugar a outro, ou é expulso pelo próximo bruscamente. E também há momentos onde essa resistência é fraca ou nula, não havendo tranca na porta, ou nem porta, e nesse caso entram e sentam onde bem entender, e eu até ofereço-lhes um chá, não por cortesia, mas porque me vejo obrigado. A residência pode virar um caos e logo em seguida as coisas podem se aquietar. Um pode estar, ao mesmo tempo, antes de depois de um outro. À parte disso, a única coisa cuja uma certeza se estabeleça sem ser incomodada,

ABAIXO DA MELANCOLIA

além da angústia, é quanto à inevitabilidade da mudança ser uma constante. Mas tanto faz, em suma, nada importa, e por que seria diferente? Se em meio a esse mar desolador, ecoando pensamentos a um universo que em sua indiferença majestosa, nada tem com a dor aguda dessa angústia sem consolo, com esses afetos que não mentem.

CAPÍTULO VIII

— Olá, Maksim, bom dia.

Apenas acenei com um ar forçosamente simpático à Srta. Émilie, e apressei os passos. Pelo menos ao ir comprar um mísero pão quero ter paz, ainda mais de manhãzinha, onde careço de contemplar um hiato de completo silêncio. Nunca entendi esse hábito, essa necessidade, ou essa insanidade que muitas pessoas têm, de logo ao acordar ficar nessa verborragia desagradável. Aliás, nunca entendi muitas coisas em se tratando dos outros, e não só dos outros, em mim há um país e eu não conheço a maioria das cidades. E ainda há, comumente, um defeito perceptível na intenção de se submeter perante consciências externas com um conjunto de comportamentos ou pensamentos, que em tese, adequam-se perfeitamente a tal ou qual condição específica de manifestação, sempre no plural, ou seja, na troca, na evidência, na exposição, e a maneira da não comutatividade nos fenômenos quânticos, não existe troca sem consequência. Na verdade, quando digo defeito perceptível quero dizer primeiramente, uma cegueira que de imediato abrange seu próprio ponto de origem, seu próprio nascimento proposital, que posteriormente se alastra como um líquido

ABAIXO DA MELANCOLIA

espurco jogado em uma superfície levemente inclinada, mas que, nesse caso, chegando a manchar apenas parte de um tecido sensorial subjetivo de um observador atento, ou louco, que se atreve a dançar às vezes nas bordas do abismo, e com isso vislumbrar a frágil ordem que sustenta a razão humana, se deparando também, com esculturas ilusórias que ganham vida e se nutrem na medida em que são aceitas e adoradas. Todo foco traz uma ampliação e requer uma prudência. Mas a quem minhas palavras neste instante poderiam, em sua trajetória, alterar ou transformar algo? E outra, nem é minha intenção, seria ultrajante, indelicado e indevido. Porém, o que eu talvez poderia dizer que trouxesse certa eficácia na tentativa de evitar de não chegar a tal lugar, de não alcançar certas alturas, de não respirar um ar autêntico? Provavelmente não buscar no percurso alheio justificativas que alimentem possíveis sentidos, que por sua vez, no absurdo de configurar fixamente algo, que em suma, ao contrário, numa condição volúvel, só podem germinar se for o caso, sob um processo absolutamente particular. E compreender pode ser antes de mais nada, unificar, ou reaprender a ver. E buscar o que se aproxima do verdadeiro pode não ser buscar o que se encontra no sendo desejável.

Poderia até fazer um paralelo com a morte: ela só pode fazer sentido quando nós nos entregamos a ela, não literalmente, mas buscando entender seu fundamento, ou uma parcela dele, e consequentemente, fragmentos de sua beleza ou de sua angústia, simples antinomia. Outrossim, quando um homem respira diariamente na presença da morte e reconhece sua própria insignificância quanto indivíduo neste mundo, é sinal de que viva a vida pode estar em uma realidade mais próxima de uma aceitável autenticidade relativa. No limiar da padaria desisti do pão e me encontro aqui, sentado na biblioteca. De novo o All Star azul escuro batido, as tatuagens e reminiscências penosas. A correlação com a morte pode ter sido só uma antecipação inconsciente de sentimentos que presumivelmente viriam à superfície. Nada se pode fazer nesses instantes em que a vertigem chega, um frio abrange tudo, e a sensação de se estar caindo em um desfiladeiro se faz tão real quanto a inexistência de sentido.

— Geralmente se vem à biblioteca pelos livros, não para ficar sentado olhando para o nada. Brincadeira. Olá, desculpe-me incomodá-lo. Chamo-me Vojislav.

— Oi. Maksim! — Eu disse, fitando-o sem levantar completamente a cabeça. Talvez, frequentar o mesmo ambiente com semelhante avidez deixe subtendido, em algum momento, uma predisposição a um laço ilusoriamente criado. Mas hoje, só hoje, não queria ter que me esforçar para manter uma interação, ainda mais em sua completa gênese.

— Você também vem muito aqui? Sempre o vejo. Algumas vezes pensei em puxar papo, mas me contive. Pode parecer que não, talvez, mas sou uma pessoa tímida. Quer dizer, depende da situação, mas no geral sou sim. Antes que me pergunte, venho quase todo dia devido ao tédio. Nem sou de ler muito, ao contrário do Sr., pelo que me parece. Eu sou aposentado. O Sr. deve estar se perguntando "Aposentado? Mas parece ser novo". E sou mesmo. Ainda não passei dos 40. Invalidez. Mas ficar em casa o dia todo nenhum santo aguenta, não que eu seja santo. O Sr. também é aposentado? Embora também pareça jovem, não mais que 30, 35. Acertei? Novamente desculpe-me pelo incomodo, é que vi que o Sr. não estava lendo nada, e achei oportuno...

— Sr. Vojislav, respira. Sente-se.

— Obrigado, vou me sentar. Na sua frente ou aqui do lado? Do lado é melhor, com licença. Transpareço nervoso? Juro-lhe, não estou, é só o meu jeito. As pessoas muitas vezes pensam que estou nervoso, ou ansioso, mas não sou nem uma coisa nem outra. O Sr. não vai ler nenhum livro mesmo? Quer que eu pegue algum? Só não pode ser os de um século para trás, porque quase todos são empoeirados, inventei de pegar um certa vez e a alergia me pegou de jeito. Mas se for, posso pegar mesmo assim. Desculpe-me, vou deixar o Sr. falar. Quando vou com a cara de alguém gosto de conversar, é só o meu jeito. E fui com a cara do Sr., tanto que pensei em puxar papo algumas vezes, eu já disse isso. Mas não quero incomodar. Geralmente é o que eu faço. As meninas daqui mesmo por exemplo, sinto que fogem de mim, mas eu não sou dessas pessoas inconvenientes, sabe? É só o meu jeito. Estou com sede, quer um copo de água? Apesar de que a água daqui parece não ser muito boa, um gosto que tende para o salgado, uma vez me fez mal. Se não quiser eu entendo...

— Desculpe-me, preciso ir. — Levantei sobressaltado, e caminhei calmamente até, em direção à saída.

— Oh, lamento ter incomodado. Sinto que de fato o incomodei. Terrível! Terrível! É só o meu jeito, sinto muito. Desculpe-me... — Nesse átimo pensei no efeito Doppler, enquanto percebia sua voz desaparecendo aos poucos.

Alcancei a via pública, como se estivesse atrás de oxigênio, e de certo modo estava. Mesmo sendo aflitiva a ideia de não voltar à biblioteca tão cedo, nesse momento, imaginar isto me trouxe um alívio. Porém, como galhos retorcidos em uma floresta afastada e obscura, meus sentimentos costumam enastrar-se e confundir-se, uma torrente tanto na intensidade, na inconstância e na mutuação, como se fossem constelações a cintilar no éter de uma incompreensão, que ao mesmo tempo e paradoxalmente, eu tivesse acesso através de um telescópio potente aos seus detalhes mais recônditos, e ainda assim, tornando qualquer intento de simplificação e entendimento, em si mesmo, inexequível.

CAPÍTULO IX

O correr do mundo paira sobre mim tão profundamente como o correr do sangue em minhas veias me mantém consciente nele, mas no primeiro caso sou reiteradamente dizimado, e esse nascer a todo instante que se decorre me leva inextricavelmente a pairar sobre ele, quase numa espécie de um pampsiquismo paralelamente angustiante e belo. E por falar em belo, penso às vezes que se as pessoas possuíssem uma avidez pelas artes, pela literatura por exemplo, da mesma maneira que buscam satisfação em coisas tão pueris, a vida em si seria outra. A arte não nos move ao melhor que podemos esperar ou conceber da existência? E muitas vezes são apenas alguns de seus resquícios que faz tudo ser suportável. Mas o que penso ou o que deixo de pensar diz respeito apenas a mim, e apenas a um dos vastos eu em um determinado registro espacial e temporal, como uma fotografia, mas no caso, imagens eximidas de qualquer necessidade de dar provas de pureza ideológica. É, me sinto perverso às vezes, e só quando me sinto assim acesso o mundo de uma forma inapelavelmente agradável, conquanto é preciso mais força para ir mais fundo, mas uma força incontida no próprio apelo inconsciente de não se ater ao aparente, tendo em vista que a contingência nas muitas de

ABAIXO DA MELANCOLIA

suas abrangências também é um antídoto para a vaidade. Mas a vida não poderia se basear até este momento em uma farsa a ser desempenhada por todos? E eu poderia estar incluso, afinal, por que não estaria? Também construo narrativas que justificam ou que chegam perto de uma performance humanamente aceita ou possível nesse emaranhado do existir. E nem sequer trago à tona a solidão em sua delicadeza tenaz, pois quando um homem se evidencia nela prostrado, começa a viver diante de um espelho, como um prófugo noturno que se vê em diversos reflexos ao mesmo tempo e em cada um se contrastando com a imagem de si diante de si. Seria conveniente pensar que a aflição oriunda em tal condição se condensasse proporcionalmente à quantidade e intensidade de pormenores novos ou repetidamente inferidos, não que tal processo não se dê, mas no decorrer das defrontações, indistintamente uma natureza vai se criando, apraz, familiar e decisiva, que vem a se tornar mais tarde, provavelmente, uma necessidade, mas também há o outro extremo: os infelizes com sua própria companhia, ou melhor, atroz companhia. E contrapondo a premissa inicial, imprescindível notar que em um cenário assim, alegadamente tateado por uma pequenez atribuída ou generalizada, no sentido de uma circunscrição inalterada, pode advir aspectos sem espaço a objeções que poderiam ser favoráveis em um sentido ou outro, restando apenas um jardim de conjunturas permeado por flores inacessíveis a qualquer beleza esperançada, e sem haver certezas que corroborem o oposto ou que destilem até mesmo asserções amigáveis. E o que é a certeza? Um atributo da escassez de repertório, peremptória recusa de estender-se, ou até mesmo um delírio que emerge perante uma subjugação subjetiva alheia ou própria, aonde são fincadas cercas indignas sob pretextos quaisquer. O que não se fixa ou o que desconheço é o que há de mais verdadeiro em mim, e isto não significa uma fuga, mas uma aceitação da minha própria condição. Como no caso também da necessidade de cessar a necessidade de se buscar a felicidade o tempo todo, isso é no mínimo, irrisório. E pior quando a veste visando mostrá-la, sem necessariamente, e quase sempre, estar efetivamente sob seus efeitos, mesma questão da farsa, porém, não abraçando a contingência e sim entregando-se a misérias deploráveis, pois o homem é engenhoso em criar ilusões e males para seu próprio flagelo. É como na mágica, que se paga para ser iludido, e no caso, se vive. Mas, não se vive sem partir de alguma coisa, de algum pressuposto, de uma origem, de uma influência, mas ao perceber este algo, perceber que o perceber é diferente da coisa percebida, mas que em simultâneo se efetiva na base de sua correlação. Se o que exprimo soa às vezes, confuso, é porque, talvez, me detive na importância irrefletida de paisagens que até então, trouxera impressões que não poderiam se dar ao luxo de serem ignoradas, mesma situação da autêntica fugacidade desse até então que me referi. Não que haja nas adjacências necessariamente alguma evidência de ausência ponderativa, ou coesão inarticulada, porque não haveria sentido julgar um lado pelo seu oposto, sendo que, pode sim haver algum ponto, mas não diretamente da fonte. Mesmo se no decorrer da suspeita de uma disposição costumeira de restabelecer critérios, como uma inapropriação, uma extensão anacrônica ou um devaneio rebarbativo, pode-se pensar de antemão, ou poderia sequer estabelecer certa premissa que levasse a tal ponto ou trouxesse uma luz indicativa que fosse verossímil, entretanto, a estrutura primordial de tal evento foge de certo modo, de uma absorção aparente que tendesse a uma relativa clareza considerável. O mesmo poderia ser dito de muitos fenômenos pelos quais existe uma espécie de simbiose normativa orgânica. O que é inegável é o fato de haver estruturas abaixo das estruturas aparentes, e isso desde o começo, se é que se pode determiná-lo. E não as perceber,

ABAIXO DA MELANCOLIA

mesmo que sutilmente, ou percebê-las e não as procurar, não se dispor a descer, a cavar, não lhes atribuir a existência e, por conseguinte, o encanto, é contrariar atributos da própria substância, é recusar os próprios meios por meios que nada tem com uma dignidade natural e bela, é, em suma, negar a si mesmo.

CAPÍTULO X

— O silêncio da torradeira quebrada, inexpressiva fábrica de sonhos falida, amargurada sensação de desemparo, de uma poesia até então não lida.

— Oi? Sr., eu não entendi.

— Ah, perdão. Um expresso, por favor — eu disse, com uma expressão disfarçadamente constrangida.

De vez em quando acontece isso, exprimo mentalmente algo ou penso a priori que assim está sendo, e na verdade estou falando com todas as letras e em alto e bom som, corroborando a ideia que comumente, presumo eu, os outros têm de mim. Mas não me importo, são crianças, e eu me incluo. A raça humana poderia se traduzir nisso, pois é, em um grupo de crianças tentando entender as regras do jogo, sem poder parar de jogar e nem sair do jogo, senão definitivamente. E sem nenhum suposto manual que pudesse surgir em simultâneo ao início do jogar, que, em tese, pudesse trazer uma certa luz, esses espíritos infantis criam manuais a rodo. O jogo pode se alterar em cada fase ou em cada jogada, regras emergem e extinguem-se, ora novidades chegam, ora o tédio se instala, e esses jogadores, do início até aqui, continuam, em essência, sendo simplesmente crianças, por mais que pensem que aprenderam a constituir manuais e a jogar relativamente bem. Tomara que o Sr. Gautier não apareça hoje, não estou afim de suportar ninguém além de mim mesmo, que muitas vezes, inclusive, já é demais. Se bem que eu seja sempre outro, um transparente processo, nunca algo consolidado, sendo que em si é em si quando diante de em si que não é em si, torna-se em si. É como abrir uma porta não fechada na tentativa de fechar um suposto abrir, e se deparar com ela fechada estando aberta, porque tal tentativa é em si mesma, utópica, sendo que mesmo antes de se chegar nesse si mesma, se desconhece, para início de conversa, o trajeto pelo qual pode ter levado à porta. O que posso expor aqui são somente resumos fragmentados do ininterrupto sentir que é a vida, pois ao eu do sujeito que conhece restringe-se o conhecimento subjetivo, e apesar de vivermos na era da razão cínica, sinto uma necessidade quase a flor da pele, como gritos abafados de uma morte próxima que tem necessidade de se libertar. Mesmo sendo um jogo escuro que comumente quase nada denota — e agora exprimo em um sentido distinto daquele pelo qual a humanidade foi posta em seu devido lugar —, já que o que há em certa medida e ao mesmo tempo não há em certa medida, independente da época em questão, é, a grosso modo, a capacidade de síntese que fazemos com o nosso meio, que deveria se situar não as normas, mas o vazio, se opondo à dependência qualquer, formando-se a partir de tal limiar um prólogo próprio do fundamento dos valores, sejam eles quais forem. Isso tudo me extenua! E sair a busca de algum atenuante ou me contrapor de modo peremptório a tais medidas, em ambos os casos se chega justamente àquilo pelo qual se tem lutado, vigorosamente, desde que o homem é homem — ou desde que a criança é criança —, porque no segundo caso, mesmo isento de uma obviedade correlata e imbuída dessa objeção rebelde ou lúcida, ou intrinsecamente as duas coisas, ainda assim haveria um certo trajeto correspondente, mesmo que extremo, que levaria quase que exatamente porém nem sempre consciente, a uma condição similar à sua oposição. É análogo a soltar um objeto e atribuir que ele foi em direção ao chão devido à gravidade, ou que em quem o soltou está à vontade, a intenção que culminou no encontro de objeto e chão, mas no caso em questão não há precisamente uma convergência, ou melhor, não há nenhuma, e sim um improvável que se torna um plausível encontro substancialmente direcionado para um mesmo fim, não obstante, evidentemente, com a impugnação veemente de uma das partes no tocante à escolha. E não cabe a mim constituir tal premissa com a pretensão de disseca-la, sem ao menos deixar insuspeito também o fato de que posso às vezes, me situar diferentemente de tais restritas deliberações, se é que se faz exequível tal asserção. Mas à parte, há questões que não têm soluções em uma sociedade plural, o oposto se transforma na consolidação da intolerância, e nem sequer carecia de ser aqui ratificado isto, mas a idiotice parece ser uma espécie de pandemia perene, já que se mostra desprovida de qualquer expectativa profilática. E podem, presumivelmente, se ofenderem, já que não recorro à ironia, e sem ela, o que hoje não pode se tornar uma ofensa? E mesmo se houver uma comparência, nada indica, de modo inconcusso, que não haja uma frouxidão inerente a nossos tempos, que em um de seus muitos atributos está a tendência em se colocar como o insultado deprimente e recorrente.

Saio antes que me enxotem. Eu sei, não chegaria a tanto, mas se precaver dificilmente entra na condição de excedente. Sem perder o fio da meada, a obsessão pela felicidade ou pela exposição aparente dela é também um dos muitos aspectos que corroboram a infantilidade humana. Mas se ater a isso, francamente, é exaustivo, não pelo exame em si ou pelo o que decorrer dele, mas pela extensão. Haja fraude para tanto dejeto.

ABAIXO DA MELANCOLIA

Sentado no sofá de casa olhando para o rosto do compositor no quadro, mais uma vez confirmo a mim mesmo que existe na melancolia um saber, mas também um peso cruel. E como hoje poderia ser diferente? Não me recordo de um dia sequer em que ela não tenha sorrateiramente se aproximado e se infiltrado, essa dor ilocalizável, mas que monopoliza a arte de sangrar, uma sombra que se estende pelo chão engolindo a luz; mas antes deste instante surge uma questão mais perturbadora: havia alguma luz?

CAPÍTULO XI

Sobre uma avidez ao mesmo tempo constituída por duas coisas mutuamente excludentes, quando não, em número maior, pode se obter uma incompreensão quase que generalizada, inclusive de si mesmo, se não instantaneamente, num porvir, e o que poderia significar? A passagem do tempo, um aperfeiçoamento, uma não aceitação das próprias raízes, uma submissão externa quase integral? De qualquer forma, no que concerne à invariável contingência de foro íntimo, não há, matematicamente, uma forma de estabelecer um absolutismo de qualquer gênero, e se há uma impressão que leve a isso, pode ser em decorrência de haver incontáveis fatores aos quais temos uma certa noção e aos quais desconhecemos, mas que exercem uma grande influência, quando não, se tornando o próprio ser que se vê como um ser mas sem ver este ser que pondera ser sem a presença do próprio ser, iludindo em primeiro lugar, a si mesmo. O melhor que podemos deixar à posteridade é a nossa posição de distanciamento de qualquer pretensão de querer deixar algo, algo permanente, definitivo, terreno pelo qual o fanatismo impera, até hoje. Diagnosticar nossas fragilidades e aceita-las, seria, para qualquer elementar sensatez, menos prejudicial. E é, além do mais, necessário ser nômade, indefinidamente, para que nossos pés encontrem a menor poeira de um todo inalcançável, mas dignamente exuberante no que mais se pode ter de um contentamento real.

— Olá, Sr. Moreau. — Sr. Jérôme disse, assim que coloquei os pés para fora de casa.

— Sr. Jérôme. — Não quis tocar no assunto da morte de sua mãe, a não ser, claro, que ele comente algo.

— Vejo que o Sr. anda escrevendo.

— Sim, escrevendo sempre. Bom, preciso ir.

— Até logo, Sr. Moreau.

Interagir com as pessoas sempre deixava em mim uma certa sensação de estranheza, algo que eu não conseguia ter completa clareza, mas que estava ali, nitidamente assimilado, observado e constatado, como qualquer outra coisa de natureza simples que orbitasse minha percepção, como o aroma de um café ou o toque áspero de uma pedra, por mais que o contato se constituísse de uma vasta fugacidade.

Sento-me no banco de uma praça que parece ser esquecida pelo tempo. Me chama atenção um homem de terno, andando apressado, uma criança que passa dando risada e apontando uma borboleta, de mãos dadas com uma mulher que aparentemente seja sua mãe, e mais no centro da praça uma senhora grisalha que alimenta três pombos esquivos com migalhas de pão, dando sinais que ela própria não se alimenta devidamente há algum tempo. Cada gesto, cada olhar, uma história surpreendentemente rica, mas não contada, desconhecida, solitária, e no fundo, provavelmente triste, como a neblina que traz o que não pode ser. E só resta o agora, este fiapo de tempo, única vida possível, asserção que em qualquer momento pode ser dita com a mesma exatidão. E posso asseverar também outra coisa: se reconhece a grandeza de uma alma pela clareza ponderativa em optar pelo silêncio quando não há nada que acrescente em sua expressão. O que mais há são respostas que nada respondem e perguntas que nada suscitam, e no meio, um injucundo mar de trivialidades, com uma forte correnteza aliás, que comumente leva os mais despertos a uma natural ilha isolada. E quem estaria mais próximo de uma lucidez, nós poucos em nossas ilhas, ou os cúmplices da aversão indefinida que sustentam a hipocrisia que rege essa constância infeliz e ignóbil? Poderão por ventura, rejeitar qualquer premissa, até mesmo pelo embaraço e distância recorrente de um domínio relativo e pouco abrangente, e também porque o improvável é, geralmente, um deleite para qualquer negacionista. Sem olvidar, outrossim, que a presunção dogmática em qualquer terreno é prejudicial a qualquer avanço plausivelmente salutar, logo, se admite que o tal conjunto, ora variavelmente extenso, justifique a inaptidão nessa e em outras observações. Mesmo sob um amálgama perspectivado levando em algum ponto uma direção comum, ainda se abre, em geral, um leque regular em sua conduta habitual, seja por mera indução imperceptível ou oriundo em atributos até ocasionais às vezes, mas organizadamente ali, indistintos e com uma certa vida própria. E digo isso primeiramente pela inócua tentativa que pode ou não se tornar infrutífera em seu próprio caminho, estabelecendo um certo trajeto que facilite em certa medida quem ali percorre, mesmo que de passagem, a uma intuição que seja mais próxima de algo autêntico, porquanto, presumo, essa seria relativamente a intenção inicial ou na mesma proporção um certo objetivo final que acabaria por determinar ou justificar boa parte dos esforços, neste ou subsequente despretensioso meio pelo qual se fixaria talvez, minhas próprias vísceras sem nenhum pudor ou aviso, porque só assim poderia buscar uma fidelidade significativa, sem, no entanto, alcançar ainda um êxito adequado.

CAPÍTULO XII

Por que estou aqui?

Não nesta cidade, neste café ou nesta mesa.

As pessoas ao meu redor parecem tão ocupadas, tão imersas em suas respectivas vidas desinteressantes. A impressão é que há uma aceitação conjunta indireta de fantasiar um viver sob aparências que nada tem com algo legítimo, como um esforço de ludibriar os outros e a si mesmo em certo nível, quanto a existência também de um vazio avassalador que mediante a sua negação, ou nas tentativas incessantes de se distanciar, se cria justificativas atrás de justificativas a fim de buscar corroborar algo meramente ilusório, e que no fim, ninguém dá a mínima, e se dá, entra adjuntamente numa justificação sob pretextos fictícios, e, portanto, ainda, egoístas. Não é fácil submergir certas coisas que se acostumaram tanto às profundezas, não por si só, mas coagidas e após olvidadas pelo entendimento comum na forma de um pacto silencioso, e trazer à vista onde comumente tudo era água, ilusão de ótica intencional, seja talvez, uma pretensão ingênua. Como de quem por exemplo tentou me convencer em alguma direção, ou ao menos, na melhor das hipóteses, clarear em meu caminho supostas luzes de suas próprias limitações de mundo, fracassaram quase que integralmente, pois colocar um líquido em qualquer recipiente faz com que o líquido se adeque às formas do recipiente, exceto se houver uma prévia evaporação, logo, se torna homem aquele que, antes de tudo, sente o pulsar da necessidade de se reconhecer como vapor.

Levanto-me com a intenção de pagar e sair, mas antes de me afastar da mesa sou interrompido e tendo a me sentar novamente.

— Já estava de saída? Fique mais um pouco, insisto.

— Sr. Gautier.

— Ótimo. — Ele disse, assim que percebeu que eu ficaria, e se sentou. — Tomei café na estação quando cheguei, só passei por aqui para ver se encontraria o Sr.

— Algo em específico?

— Não, apenas queria conversar mesmo. Afinal, como já disse, gosto dos nossos papos, pena que não nos vemos com mais frequência.

— Se fosse algo corriqueiro correria o risco de ficar enfadonho, não acha? — Acho isso às vezes sem ser corriqueiro, pensei.

— Eu discordo. Tenho um número considerável de amigos se for ver, e no trabalho converso com muita gente também, mas sinto que nossas conversas me tiram um pouco dessa bolha sabe, e no geral não tenho muito isso.

— Quer dizer então que, essa provável sensação de como disse, sair da bolha, é algo positivo, te faz algum bem?

— Mas claro. Por que não faria bem? Tanto que após o nosso último encontro tomei uma decisão importante.

— Eu diria que em relação àquela obra de autoajuda, talvez?

— Na mosca! Como acertou de primeira? Mas enfim, fui conversar com o autor, ele falou bastante acerca do livro, mas em nenhum momento eu consegui parar de pensar em tudo o que o Sr. me disse, e fiquei com aquela pulga atrás da orelha, e por fim, acabei não aceitando a obra.

— Acertei porque ficou meio óbvio. Mas não pense que eu te influenciei, até porque suscitei mais de uma perspectiva, e no final a decisão foi sua, apenas sua, e é sempre assim.

— Você pode não ter me influenciado diretamente, mas me fez mudar de ideia sim.

— E quanto a um pensamento que proferisse que o Sr. poderia mudar de ideia quantas vezes quisesse, quase infinitamente, lhe traria uma sensação agradável?

— Não sei dizer se agradável, pois mudar de ideia o tempo todo não deve ser algo saudável, talvez até requerendo uma ajuda profissional, se for um caso extremo.

— E o que seria um caso extremo, nesse caso?

— Ah, não sei. Talvez alguém dizer algo neste minuto e no próximo já mudar completamente de ideia, e colocar essa mudança como algo repetitivo, em proporções desmedidas ou preocupantes, a ponto de afetar a vida de uma maneira insalubre.

— Interessante.

— Por que interessante? E por que isso tem a ver com a minha mudança de ideia, sendo que foi um caso isolado?

— Não disse que tinha a ver, só que é interessante a sua perspectiva que diz que um corvo pairando sobre inúmeras coisas, sem quase nunca pousar e amiúde no mesmo comportamento, pode ser, talvez, nocivo.

— Mas eu nunca falei de corvos, que conversa é essa? Talvez seja o Sr. que precise de ajuda profissional. — E soltou uma risada.

— Talvez — respondi, em um tom descontraído.

— O Sr. é uma figura! Mas me conta, o que tem feito tanto? Já mudou de ideia quanto a publicação?

— Para ambas as coisas, sem novidades.

— O Sr. é uma pessoa difícil!

— O que seria uma pessoa difícil?

— Uma pessoa teimosa que não aceita publicar com um amigo dono de uma editora, por exemplo.

— Teimoso se enquadraria mais a quem recebe uma negativa e fica insistindo, como uma criança birrenta.

— Apenas insisto às vezes para tentar te vencer pelo cansaço. Mas deixemos isso de lado.

— Melhor.

— Para quem, eu não sei. Mas, mudando de assunto, mês que vem farei um evento em casa, na verdade nada demais, só um jantarzinho com alguns escritores, alguns amigos, e gostaria muito que o Sr. fosse.

— Não vejo porque eu iria.

— Iria porque é praticamente um escritor e meu amigo, simples.

— Não acho que eu seja uma coisa nem outra.

— Como não?

— Na nossa última conversa já salientei sobre.

— É, eu sei. Mas sinto que o Sr. seria um escritor, no mínimo, interessante. Já disseram que um clássico é um livro que nunca terminou de dizer aquilo que tinha para dizer. E quando li algumas de suas páginas tive essa impressão. E apesar de suas objeções, como eu já disse, para mim, somos sim, amigos.

— Se você diz, diz por algumas razões, e elas tem a ver, primeiramente, com o Sr. mesmo.

— Mas independente, convite está feito. Seria só pegar o trem, e eu te esperaria na estação.

— Não garanto, e provavelmente não irei mesmo. Mas agradeço.

— Quem sabe até lá muda de ideia, afinal, poderia se considerar um corvo pairando...

— Sagaz. Bom, agora preciso ir.

— Estarei na cidade por mais uns dias, quem sabe não nos vemos novamente antes de eu voltar.

— Quem sabe. Até, Sr. Gautier.

— Até mais, Sr. Maksim.

CAPÍTULO XIII

Parecia que a vida seguia quase que automaticamente, com cada um sabendo exatamente o seu papel, o ar de inércia contido numa espera aparente nada significava além de uma aparência propositalmente estabelecida, e contígua a uma sensação narcisista que emanava, a maneira de um perfume desagradável que sutilmente ferisse olfatos atentos, e se mesclava uma as outras, como se trocassem confidências silenciosas numa reciprocidade individual mas permutável, porém irredutível e indubitável em sua própria jactância. Nada mudara desde a última vez, o rio pode sim, se manter o mesmo quando se trata da insolência humana, um dos atributos entre outros e pelos quais propende minha tendência de querer me molhar cada vez menos.

— Oi. Faz um tempo que não vejo o Sr. por aqui — disse a colega da dona do All Star. Aparentemente ela não estava.

— Sem nada para ler em casa. Tive que aparecer.

— Mas anda tudo bem? Ah! Esses dias um Sr. perguntou de você. Ele perguntou algumas vezes, na verdade. O Sr. Vojislav.

— Ah, sim. Bom, vou pegar uns livros.

Saí da biblioteca assim que possível, não queria correr o risco de interações desagradáveis. E aliás, quais delas não são?

58

ABAIXO DA MELANCOLIA

Repentinamente uma nuvem me chamou atenção, tinha um formato de um quase violino, com o arco do lado, sutilmente torto, mas logo se tornou incompreensível, tal como os detalhes da passagem de uma episteme à seguinte. E de onde vem essa suposta misantropia? Além disto, outra coisa bate à porta, e talvez mais relevante: eu poderia partir da premissa que a vida se estabelece sob um rol de interesses que se originam, se permutam, se perduram e se extinguem dentro de um aglomerado contingencial em maior nível, mas que, independentemente, definem e modelam as características mais íntimas desse reger, mesmo no caso de uma sutileza imperceptível e tida como mera deliberação consciente. Mas o que se dá precisamente entre um extremo e outro que facilitaria ou propositaria, em escalas menores, uma atenção no conceber da percepção que fosse natural e quase instantânea? Porque de antemão, o que se pode presumir, mesmo sem pretensão de caminhar em terra firme, é que entre um ponto e outro, não necessariamente abrangente, mas pelo contrário, por isso até, menores, comumente pode haver uma difração, mas que diferentemente da física, não haja indícios de um contorno de um obstáculo e sim uma espécie de inaptidão frente a ele, que em tese, talvez, se aplicaria à própria condição infantil em que nada se pode fazer. Não obstante, a imperfeição na impermanência, a tendência para o desajuste, a uniformidade caótica e os limites intransponíveis que integram o conjunto, são adjacências incorporadas permanentemente e ao menos até certo ponto trazem uma corroboração, seja na ação de proponentes ativos ou adstritamente presentes, independente dos mecanismos em si, que a todo vapor como uma locomotiva veloz, apesar dos subterfúgios condicionados, seguem sempre adiante, ou até mesmo, sob uma forte aplicação que tencionasse de forma tênue, porém decisiva, determinadas estruturas que até então, paralelas às características iniciais ou prematuras, mas que inerentes a uma certa independência denotassem um comportamento previamente esperado, ou pelo menos, agregadamente desempenhado e atribuído de modo que assegurasse naturalmente uma sobreposição constante, porém, flutuamente circunscrita e imprecisa em qualquer caso. E além do mais, evidentemente que não cabe a mim nenhuma concepção de elaborados e hiperbólicos encômios em qualquer direção, apesar de também evidente tal inclinação se situar e se manter invariavelmente nas paragens deliberativas de qualquer origem e expressão, amiúde em prol de uma necessidade quase instintivamente gerada e reconditamente iniludível. E também, surjo peremptoriamente no limiar onde rejeito a inutilidade da inutilidade de não haver sentido. Um alívio: eximir-se da lassidão, de encontrar-se exangue, de sucumbir inadvertidamente, ademais, essa persecução pode ser desoladamente frustrante no fim, e nem é preciso chegar demasiado longe para que a insatisfação se estabeleça, pois como um vírus hostil dentro de uma célula incauta que controla seu metabolismo e inativa maior parte de seus genes, essa predisposição quase indeclinável à hipostasiação pode ser profundamente nociva, tanto para seu hospedeiro como para os demais que forçosamente por ele mesmo tendem a ser impelidos ao contagio. Uma saída? O esquisito inversor de pontos de vista pode ser uma das perspectivas do tempo em alguns casos, mas não auxilia, já que a exiguidade desses eventos demonstra a fragilidade de se entrever qualquer solvência mitigadora nessa busca insipiente; logo, se há luz não se sabe, mas o túnel tende a se mostrar sempre transparentemente apregoado. Mas é imprescindível deixar claro que essa busca não é, em si mesma, algo danoso, indigno, muito pelo contrário, mas se, e só se, for oriunda aqui, ou seja, mantendo-se liberta de qualquer elemento que não esteja ancorado na realidade, conquanto em qualquer caso, se faz sempre subjetiva e pessoal. Portanto,

ABAIXO DA MELANCOLIA

por tudo o que advém, rejeito a inutilidade da inutilidade.
Com frequência não contribuo para uma harmonia, bem eu
sei, mas não há outra saída diante dos profusos escombros
ainda adornadamente estimados. De resto, ciente de que
habitualmente os que veem além não são vistos em seu tempo,
e se são, são muitas vezes com indiferença ou asco, ou pela
inaptidão compreensiva, não expecto nada.

CAPÍTULO XIV

O pensamento crítico e a constante investigação são em qualquer época, imprescindíveis à sobrevivência da dignidade humana, no entanto, a impressão — e tal substantivo feminino assume aqui um papel eufemístico — é que se vive à míngua de tais inatos recursos. E dizer isto é dizer o óbvio, mas a necessidade em dizê-lo evidencia o grau decadente em que, ainda, hodiernamente nossa espécie estagia, e como uma condição inerente e, por conseguinte, previsível, como outrora, rumo a alguma catástrofe iminente.

CAPÍTULO XV

Como uma sombra solitária que pode abranger mais do que a extensão real de seu objeto de origem, dependendo de sua proximidade à luz, costumo em silêncio observar meticulosamente as pessoas e o mundo ao meu redor, como um investigador determinado quase beirando à loucura. E quase sempre, me deparo com as cores ocultas nas entrelinhas, com os tremores sutis das emoções variadas, com as miudezas que habitualmente escapam dos olhares desatentos, um aglomerado de notas tênues ou grosseiras, harmônicas ou dissonantes, ressoando despercebidamente. E mesmo incomodado com alguns ou muitos tons, a impossibilidade do inaudível se faz inevitável, como as batidas do coração. Mas surge também aquela inquietação da constatação de minha insignificância diante de um universo indiferente. Mas sem intentar se aventurar em precipícios gramaticais que abrangem e delimitam o pensamento, essa experimentação do vazio suscita uma ponderação cética a respeito dos próprios meios utilizáveis, ou seja, a incerteza, a incredulidade, a desconfiança, aqui e ali, presentes, mas amplamente afastadas de uma realidade perceptível comum. Sendo que o homem conserva em si o que em si não lhe dá o direito de se sobrepor perante a continuidade em questão, na verdade, a construção pela qual se engendra os preparativos que terminarão por se hospedar, não no sentido de legitimidade, muito menos na ausência de previsibilidade, mas da excursão entre paisagens que justifiquem a maneira metodológica que nas sombras da incapacidade, trouxesse uma aquisição aceitável que em si mesma adquirisse um poder coercitivo, que mais tarde, tornando-se uma mera sensatez natural. Erro crasso.

— O Sr. não quis mesmo ir comigo no Sr. Jérôme — disse a Srta. Émilie, assim que me viu passar em frente à sua casa.

— Pois é — respondi, sem virar totalmente o rosto e com um aceno sutil.

— Mas ele está bem viu, nem parecia que tinha perdido a mãe — ela disse mesmo vendo eu me afastar e sem indícios que iria respondê-la.

Quando pessoas só sabem falar sobre pessoas tenho a impressão de constrangidamente me defrontar com uma insuficiência intelectual aterradora, uma elementaridade hegemônica triste e enfadonha. Mas continuando, a vida de maneira geral na sua incomensurável diversidade interpretativa, pode nos levar em outros momentos e sob outras circunstâncias a outros extremos ou limítrofes panoramas que, no decorrer de suas existências, de suas aparências, podem assoprar os castelos de cartas tão cuidadosamente montados. E às vezes é preciso voltar os olhos não para as opções, mas para a necessidade fictícia delas.

— Hoje cheguei primeiro — disse o Sr. Gautier assim que me viu entrar no café.

— Sr. Gautier.

— Eu só viria daqui a duas semanas, mas preferi vir resolver umas coisas antes da manifestação. Como vai?

— Que manifestação?

— Sr. não tem lido os jornais? A favor e contra o governo, quero estar bem longe.

— Tenho focado nos livros e em escrever.

— Não perde muita coisa, viu. Desde Roma até aqui a política continua um circo.

— A política é um meio eficaz para estabelecer vantagens duvidosas para quem a integra, mas quase invariavelmente ineficiente para suprir o mínimo de quem dela depende.

— Exímio! — Sr. Gautier disse enquanto parecia me olhar com surpresa e admiração.

— Nada demais — eu disse, sem qualquer entusiasmo.

— É demais sim! E a propósito, vai deixar eu ler mais algum trecho de seus escritos?

— Talvez na próxima. Preciso revisar esses aqui.

— Mas os esboços são o nascimento das ideias, tão interessantes quanto elas já finalizadas.

— E que muitas vezes não nos agradam.

— Tudo bem, fica para próxima então.

— Melhor.

— Impressão minha ou o Sr. está meio cabisbaixo hoje?

— Não sei dizer, e se estou, nada de estranho há nisso.

— Se tivesse ido ao jantar, espairecesse um pouco, talvez estaria mais disposto, mais alegre. Mas quem diz que o Sr. foi.

— Não faz nenhum sentido o que disse.

— Como assim?

— Não há nenhuma garantia de que com a minha ida surgiria uma energia salutar ou um regozijo posterior. E se surgisse algo, presumo eu, seria o contrário.

— Nossa!

— Pois é.

— O que tem lido tanto? Filósofos pessimistas? — E deu um risinho sem graça.

— Autoajuda que não vai ser — respondi, retribuindo o riso.

— Acho que o Sr. é a pessoa mais excêntrica que conheço. E digo isto lidando constantemente com escritores.

— O maior perigo é que tão poucos ousam.

— O quê?

— Ser excêntricos.

— Citação?

— Sim.

— Uma enciclopédia ambulante?

— Não é para tanto.

— Mas vem cá, ler muito é indispensável a quem busca escrever, não?

— Um livro que não nasce através de milhares de outros livros não chora depois do parto.

— Nasce morto?

— Ou não dura muito, sem vitalidade, sem forças para sobreviver. E não é só ler em demasia, se faz imprescindível de antemão haver um critério, senão corre-se o risco de cair em um desfiladeiro indigno onde a inutilidade e o tempo perdido são sua primazia.

— Se a maioria nem hábito de leitura tem, que dirá critério.

— Nada de novo.

— Infelizmente. Mas me diz, além de ler e escrever, o Sr. tem outros hobbies?

— Gosto de música.

— Sem ela, a vida seria um erro. Viu só, também sei citações.

Concordei com a cabeça, em silêncio.

— Confesso que não entendo muito de música, mas aprecio. Qual foi a última que o Sr. ouviu? — Disse o Sr. Gautier depois de alguns minutos, quebrando o silêncio, agradável para mim, a propósito.

— Ao acordar, *Quadros de uma exposição*, Mussorgsky.

— A original para piano ou a orquestração de Ravel?

— O Sr. entende de música sim — eu disse, com um leve semblante estupefato. — Orquestração, mas não de Ravel.

— Compreendo. Então, de fato não entendo muito. É que meu ex. médico, Dr. Bernard, que os deuses o tenham, era um ávido apreciador de música e tinha um grande apreço, nessa instância, pelos russos. E nós falávamos muito a respeito.

— Entendi. Esplendorosa tal obra. Tenho grande estima por Tuileries.

— Aí o Sr. já quer exigir demais — e riu. — Eu não vou lembrar, porém, sim, magnífica!

Deu um gole no café e perguntou em seguida — E além da música, mais alguma coisa?

— O agora.

— Como assim?

— Este instante.

— Nossas conversas?

— Refiro-me ao instante ínfimo de cada pulsar existencial e sua absoluta proeminência.

— Me fale mais sobre isso.

— Já está na hora de eu ir.

— Mas já? O Sr. sempre me deixa curioso.

— Não é proposital.

— Mas só me responde uma coisa antes de partir.

— Pois não.

— Se eu entendi mais ou menos essa última parte, por que o Sr. é, aparentemente, uma pessoa triste? Não seria paradoxal?

— Pode ser e não pode ser.

— Por que?

— Tentar responder isso poderia dar um livro.

— É o que venho tentando desde o início. — E soltou uma risada, e dessa vez, estridente.

— Na próxima falamos sobre.

— O livro?

— Não. A tristeza.

— Ah! Tudo bem.

— Até, Sr. Gautier.

— Até mais, Sr. Maksim.

CAPÍTULO XVI

Em si naufragar, caminhar sem direção, perdido na vertigem, não há chão, nem um amanhã, talvez um alvorecer, sombrio, sozinho, o medo, abissalmente distante, na penumbra, confusão de pensamentos, muitos deles assustam, caio em mim, não me ouvem, ninguém me salva, arrepios, silêncio, mas há barulho, enlouquecedor, sem sol, trêmulo, triste cenário, desconheço como chego, como desço, sutilmente, abrupto, saídas bloqueadas, o desequilíbrio, o pavor dela, a loucura, que se avizinha, docemente, mascarada, quero acordar, respirar, mas, não há pesadelo, percebo, mesmo insano, que não dormi.

CAPÍTULO XVII

— Só devolvê-los hoje?

— Sim, por favor — eu disse, sem fita-la diretamente. Estava com as tatuagens cobertas pela blusa e sem o All Star hoje. Eu logo alterei quem bate à porta e quem entra. Aprecio sobremaneira essa espécie de quebra de paradigma conceitual que forçosamente estabelece um ato contínuo que dificilmente se altera em mim, onde uma perspectivação surge e se estende para além de um campo aparentemente estável e previsível, e se junta à pluralidade semântica. Lembrando que nós, que em uma exposição admiramos os quadros somos também os quadros em exposição. E se viver pode ser o mesmo que se sentir perdido, por que não aceitar essa condição e buscar tirar dela própria o seu inverso? Indeterminação fundamental sob uma conivência consigo mesmo.

— Mudei de ideia. Levarei esses aqui.

— Tudo bem.

Curioso perceber que sob uma convenção da linguagem o homem intrinsecamente define a si mesmo como algo inerente ao mundo, e percebe o mundo como algo estabelecidamente em

ABAIXO DA MELANCOLIA

conformidade com sua própria impressão, sensação e vivacidade aparente, e que durante um período relativo é condenado a fingir que cria constantemente uma vivência regular dentro de compêndios diversos e possibilidades quase ilimitadas, onde a aparência irrefletida ou não da realidade se torna o único meio pelo qual esse processo, ao que parece, natural e evidente, se mantém como tem sido até então, já que desde o início bebeu na fonte de uma legitimidade autoperdurativa, mas que em algum momento terá que ser revista, aprimorada ou abandonada, sendo que a mudança como única permanência possível, tem, como pura naturalidade, até isso, um dia, de ruir. E o que sobraria?

CAPÍTULO XVIII

Evidenciando o caráter perspectivo de uma ou toda representação, pode-se precisamente chegar a um certo ponto de relativa coerência que, provavelmente nos colocaria nos limiares de uma possível prevalência, não só perante um suposto afastamento do que se mostrava altamente em conta, cuja permeabilidade caracterizada, evidentemente, por uma dialética obtusa, mas também, pela aproximação, pela absorção, pelo entrosamento, de uma natureza fértil e magnânima na sua própria e constante insatisfação.

— Olá, Sr. Moreau.

— Sr. Jérôme.

— Está com pressa? Aceita um café?

— Pior que preciso ir.

— Eu insisto, não tomarei mais de três minutos do seu tempo.

— Realmente preciso ir. Fica para mais tarde.

— Tudo bem. Mas, por favor, venha mesmo, queria falar-lhe algo.

— Tudo bem — eu disse, relutante, e segui andando.

ABAIXO DA MELANCOLIA

Não havia nenhum compromisso, nem mesmo de antemão um deliberado destino, mas eu precisava tomar um ar, ansiava por caminhar sozinho. E entrar na casa do Sr. Jérôme agora, não, fora de cogitação. E o que será que ele quer? Apesar de que esquematizar a linguagem quanto a isso, neste momento, não faz sentido. Os narradores da vida, comumente, têm demonstrado mais imaturidade do que os fisiologicamente justificáveis a tal lástima, mas presumo, que aparentemente não seja o caso do Sr. Jérôme. E em mim, se há alguma virtude, é, talvez, ter um profundo ceticismo. E de certa forma objetando, e essa intersecção na multiplicidade de visões e na liberdade para se criar a si? E em que ponto do caminho sentaram-se a fim de trocar confidências? Tida como uma aproximação estimativamente oriunda na propensão de demarcar, mesmo sem o saber, aspectos amistosos dentro de uma provável antinomia, e de fecundar sob as asas de um imprudente mecanismo que, perto do fim, ou melhor, perto de se estender a um quase inteligível, dá sinais de um certo sentido em alguma escala qualquer, se espera a priori, que se mantenha uma coesão ou ao menos a tentativa de mantê-la, sendo que ao recorrer a um pensamento cuja transcendental entrega aparentemente se solidifique, de modo interino, se possa implementar em alguns pontos alicerces que, previamente presentes mas não inferidos, concebam justificações ponderadas para um momento subsequente e propício. A premissa oportuna surgiria, para além disso, em nos analisarmos como uma espécie qualquer, mas distanciados de sua própria natureza, perspectivamente estruturada, embora talvez, não possível, mas com uma simples intenção podendo percorrer um caminho apropriado para se chegar a algo que não era mas veio a ser, mesmo demasiado efêmero, ainda que o espectador não se desuna de sua origem.

A existência cansa. O simples passar do tempo consegue, muitas vezes, carregar em si próprio um monstro imenso, que nos domina e nos extenua. E encará-lo com supostas profilaxias a base de fórmulas quaisquer, só tende a dá-lo força. Quero voltar para casa. E queria entrar sem ser visto, mas o Sr. Jérôme está sentado em frente sua casa, me esperando. Entrei. Sentei, a seu pedido, na sala, em um sofá supostamente confortável, e ele se sentou à minha direita, em uma cadeira de madeira, que aliás, contrastava com a hegemonia decorativa do ambiente.

— Obrigado por vir — me disse, enquanto passava a mão pela barba, sem me olhar diretamente.

— Tudo bem. O que o Sr. queria me dizer?

— Bom, sem preâmbulos, após inúmeros exames e diversas idas a médicos, fui diagnosticado com uma doença não tão comum, que não vem ao caso entrar em detalhes, mas que, segundo eles, já está bem avançada, e não me deram mais de um ano de vida.

— Não sei o que dizer — e de fato eu não sabia mesmo.

— Não aceitei o tratamento, porque curar não vai, e portanto optei por viver o que me resta do jeito que tenho vivido. O Sr. é a primeira pessoa que eu conto, e provavelmente, talvez, a única.

— E, se me permite, por que eu?

— Por isso eu queria conversar com o Sr.

Eu não disse nada, só o observei, aguardando-o dar continuidade.

— Posso dizer que tive uma vida modesta, não acumulei bens, nem deixei qualquer legado. Longe disso, Sr. Moreau — disse, me olhando e dando uma pausa, como se esperasse de minha parte qualquer expressão, sutil ao menos, que permitisse ele prosseguir. — Vivi praticamente cumprindo minhas obrigações, e muitas vezes não seguindo, inclusive, minhas próprias vontades, não que as tive em demasia, mas mesmo as poucas, não tive coragem, não ousei. Desde a mocidade achava que uma vida feliz se consistia em fazer o que fosse esperado que eu fizesse — outra pausa, e dessa vez um pouco mais espaçada, e eu só consigo pensar em ir para a casa. — Mas ainda assim, hoje, tenho esta casa, não é lá uma casa chique, mas está bem cuidada, como o Sr. pode ver. E também possuo uma pequena poupança, nada sobejo, admito, mas que provavelmente seria o suficiente para ter uma velhice sem grandes preocupações, uma velhice que já não me pertence mais.

— Sr. Jérôme, desculpe-me se soar indelicado, presumo ter entendido sua situação, e sinto muito, porém não me é claro ainda o sentido quanto a necessidade de mim nela.

— Eu que peço desculpas por tomar o seu tempo. Os três minutos já se passaram há alguns minutos. Sem mais delongas, eu pensei muito sobre, e gostaria enormemente que o Sr. aceitasse, após minha partida, que como disse, não se estenderá por muito em se dar, ser meu legatário.

— O Sr. gostaria de me deixar sua casa? Isso?

— Não apenas a casa, mas um modesto dinheiro também. Não tive filhos e não tenho familiares vivos. E por mais que não seja nada exorbitante, como eu disse, não tenho a quem deixar. O Sr. é meu vizinho, e talvez o mais próximo de um amigo, e imagino que poderia fazer um bom uso.

— Reconheço algum valor na sua perspectiva, mas para mim não faz o menor sentido.

— Não tem que fazer sentido, na verdade é algo simples.

— Não, não é. Não posso aceitar. E não vou aceitar.

— Mas por que não? Não te ajudaria em algo?

— Não, porque não preciso. E mesmo se precisasse não há nenhum sentido nisso. E pode não ser no nível do Sr. Comstock, mas a esse como a outros deuses eu não sou devoto.

— Eu não entendi, Sr. Moreau. Que Sr.?

— Enfim, não aceito. — Me levantei, com intenção de me despedir e sair.

— O Sr. me entristece — disse ele, já de pé, demonstrando um semblante de fato mais cabisbaixo que antes. — Mas antes de se decidir assim, pense mais um pouco.

— Não há o que pensar — eu já caminhava em direção à porta. — Lamento saber de sua situação, e digo por que realmente lamento. Mas quanto ao que desejas, não posso, deveras, fazer nada. Até, Sr. Jérôme.

— Tudo bem. Até, Sr. Moreau.

CAPÍTULO XIX

O que é isso? Talvez apenas características peculiares de uma época em questão que se traduzem às vezes como uma corrente salutar naqueles que colocam seu foco sobre elas? Um suposto pertencimento, justificativas propositais sem forças, atributos que só são robustos através do próprio vigor em buscá-los, em criar permanência? E que registrados na fugacidade e concomitante perpetuidade do agora, pura insensatez seria não se agarrar com toda intensão possível? Penso ao mesmo tempo que quando se entende peremptoriamente que qualquer intenção, por mais inocente ou sutil que seja, de inserir ou transmitir qualquer coisa absolutamente, aos outros, alcançando uma proximidade íntima parcial ou uma identificação exata, de dentro para fora, de si a outrem, se encontra transitando forçosamente em paragens impossíveis, e esse entusiasmo tendenciável quase instintivo, se extingue, ou ao menos se retrai, não sendo comumente, mais visto, na melhor das hipóteses. E correlato, é preciso levar em conta o progresso das ideias, e mais do que levar em conta, aceitá-lo, admiti-lo, desatar as amarras de uma limitação autoinfligida, totalmente destituída em qualquer plano, de algum sentido. Lembrando-se que se levar muito a sério pode ser prejudicial.

Irremissivelmente aparecerão novas palavras, novos conceitos, novas ideias e novas perspectivas, e como uma brisa no rosto em um dia frio, isto é um alento colossal ao próprio respirar, e tão necessário como recorrer à redução fenomenológica. O que não se faz necessário é incorporado a esse escopo haver um propósito de entregar qualquer coisa, objetivamente falando. Não tenho esse compromisso agora e nem virei a tê-lo, até porque não há vínculo, não há comprometimento nem qualquer ônus que me sujeite, submissamente a algo. Inexiste tal perigo. Já o perigo da ignorância da ignorância e o saber de se saber tudo, inconteste elegia fúnebre, que escurece, a maneira de uma tempestade impiedosa, quaisquer remotas esperanças que porventura pudessem surgir em um porvir indeterminado, se alastra e se mantém, indefinidamente.

CAPÍTULO XX

Esse *adagietto* de Mahler me leva sempre às lágrimas, mas lágrimas leves, que suscitam-me inclusive, nesta manhã, não necessariamente um sentimento de alegria, mas de um êxtase contemplativo nessa exuberância do ineditismo, nessa fragrância consciente da decorrência e intensidade de seus pormenores, nessa sensação quase que transcendentalmente percebida do tempo, sua sutileza, sua importância, seu eterno nascimento, a vida aqui e agora, pulsando, sentimento que embora não traga nenhum sentido definitivo, porque em última essência ou por absoluto ele não há, mas que me traz um encanto paliativo quanto às possibilidades à vista e ao meu dispor: minha autonomia, minhas deliberações, minha liberdade, que habitualmente podem se traduzir em uma angústia, uma enraizada e enorme angústia, mas que, em suma, está tudo bem, ela sou eu.

— Bom dia, Sr. Moreau.

— Sr. Jérôme. Bom dia.

— Queria lhe pedir desculpas. Eu criei todo um cenário na minha cabeça que fazia sentido para mim, e não levei em conta como o Sr. poderia se sentir.

— Não há necessidade de se desculpar.

— Mas não quero ficar mal com o Sr. Apesar de não o conhecer bem, tenho-o em grande estima.

— Fique tranquilo, tudo está bem. E a propósito, estarei aqui se precisar de algo — eu disse, enquanto colocava a mão em seu ombro.

— Ah! Fico mais aliviado então. Muito obrigado, Sr. Moreau.

— Até, Sr. Jérôme.

— Até, tenha um bom dia.

Assim que começo a caminhar, respiro a longos haustos, em cumes que a maioria dos homens, talvez, penso eu, não logram perceber. O que acontece é que muitos podem se aproximar de uma certa corroboração conjunta relacionada a qualquer coisa, apesar de desconhecerem ou não pressuporem uma sombra sequer no tocante a essa correlação, sendo que tendem a se comportar como cegos que pensam ver algo exclusivamente próprio e claramente axiomático. Eu, busquei percorrer outros caminhos, e aqui, agora, posso não estar legitimamente alegre, como disse, mas estou — não somente pertencente a este momento tal sentimento — grato às paragens nubladas e chuvosas que internamente me caracterizam.

Incomumente, hoje, gostaria de encontrar o Sr. Gautier. Talvez uma conversa acerca de uma hipotética publicação, sim, eu teria que repetir para ele: hipotética! Pois ele se empolga com facilidade e em demasia, e esse exagero acaba me trazendo certas reflexões que culminam consuetudinariamente em uma retração ao estado inicial, porém, venho me sentindo relativamente um pouco menos inflexível. Ou talvez, tais sensações sejam oriundas e próprias apenas desta manhã, podendo se dissipar a qualquer momento.

— Bom dia, hoje está estranhamente cheio aqui.

ABAIXO DA MELANCOLIA

— Bom dia, sim, por causa das manifestações, imagino — disse a garçonete, a que era mais atenta e direta.

— Que manifestações?

— O Sr. não ouviu falar? Pró e contra o governo, as duas no mesmo dia.

— Ah, sim, um amigo tinha comentado mesmo. Por favor, um expresso e um misto quente. — Eu disse amigo. Talvez ele tenha razão mesmo, pensei.

— Ah, hoje iremos fechar mais cedo por isso. Pedido anotado, já levo para o Sr.

— Obrigado.

A cada vez mais tenho a sensação de não pertencer a este mundo, e o que ou quem poderia garantir que de fato eu pertença? Não há solução para o que não é aceitável, e nem pode ser aceitável o que não tenha em si uma pitada de alma sequer. Na contramão disto, desperdício intolerável qualquer intenção, de tempo, de si mesmo, de tudo. E o que restaria, senão o desfiladeiro? Não viver nele não é uma opção, mas apreciar a vista e se encantar, é. A vida pode ser uma grande expedição se a criança em nós não morrer pelo caminho, mas raras sobrevivem. E quanto ao que fazer, cabe a cada um. Não existe bola de cristal e é ridiculamente desprezível quem acha que a tem ou quem a procura. Não há justificativas que ponderem sensatamente quando a questão paira sob tentativas de qualquer origem, de tirar, alterar ou transpor a vida da própria vida. E apesar de não me sentir em casa e presumivelmente saber que isso não tende a mudar, sei que aqui, neste momento, é tudo o que tenho, e isso basta. Não um bastar no sentido de uma prostração, de uma inercia, de uma contentação restrita, afinal, desde a infância já tinha de certo modo, traçado um roteiro intelectual, uma narrativa flutuante, mas profunda, alterável, mas leal, focada, mas abrangente, através de um incômodo sem trégua, de uma busca desenfreada nessa avidez de compreender o mundo, algo talvez doentio, mas era isso ou nada, e nada significaria preferir a morte. E não se faz necessário querer salientar a quais conclusões cheguei percorrendo esse caminho, porque não existe um epílogo, e se porventura existisse, em vão tudo poderia ser e não haveria autenticidade alguma na própria fidelidade a qual me alvitrei. Além de que eu não possuo a chave, nem sei onde está a porta, mas, às vezes passo por uma janela e olho através do vidro. E elas brincam lá fora, as crianças: criaturas efêmeras, transitórias e frágeis como um sopro de vento, que não são simplesmente poeira estelar solitária. Estão interligadas umas às outras nessa imensa rede de eventos que se influenciam constantemente. E a maneira das forças gravitacionais que sustentam os astros e os grãos de areia, suas histórias se entrelaçam, suas experiências se entrecruzam, seus sentimentos se assemelham, apesar de cada uma ser uma protagonista única contribuindo para esse enredo coletivo que se desenrola através dos séculos. E assim, a vida humana se revela como uma obra de arte em constante alteração, onde cada instante é uma pincelada ao tom que a consciência lhe dá, criando quadros intensamente magníficos, onde todos nós somos, em suma, os artistas imorredouros de nossa própria época.

— Senhor, fecharemos em meia hora, ok?

— Tudo bem.

— Disseram que as ruas já estão bem movimentadas.

— Não me demorarei, então. A conta, por favor.

— Pois não.

Saindo do café senti uma certa angústia em constatar que o Sr. Gautier não viera mesmo, apesar de eu já saber disso. E a alguns quarteirões a frente vejo que ele fez muito bem. Que cenário incomum! As ruas comumente tranquilas estavam

ABAIXO DA MELANCOLIA

agora, tomadas por uma multidão, ao meu ver, aparentemente exaltada. Gritos ecoavam, formando uma cacofonia de vozes que clamavam por isso, por aquilo, sons inaudíveis muitas vezes, mas que no geral, se faziam insuportavelmente dolorosos à minha audição. Única coisa que eu conseguia pensar com uma veemência era passar por essa turba sem demora e me ver livre dela o mais rápido possível. Mais alguns quarteirões, já excessivamente fatigado, ouço sirenes policiais e uma gritaria ainda mais intensa.

— Aquela corja vai ter a audácia de aparecer aqui?

— Se vierem, tem que matar esses canalhas!

— Exterminar da face da terra essa raça!

Um grupo conversava quase aos berros quando passei por eles.

A rebeldia contra a injustiça, a objeção à passividade, a tendência à ação, à transformação, são, entre outros, atributos de caráter humano quanto à responsabilidade junto ao todo e imprescindíveis. Mas aqui, independente do referencial, o que pode se dar apenas, a meu ver, são formas de uma hemiparesia moral, uma distorção, uma cegueira, fixações que não se estendem muito além de seu ponto de origem, tanto pela deficiência elástica oriunda na abstrata autossuficiência como pela satisfação nesse loop medíocre. Nesse caso, a política, mas se fosse religião ou qualquer outra construção ideológica, nesse nível insano, que diferença faria? A origem de tal enfermidade é a mesma, ontem, hoje e provavelmente amanhã, já foi dito, o fanatismo, única forma de força de vontade acessível aos fracos.

Ao caminhar ainda mais rápido tentando abrir caminho entre as pessoas, notei que já não havia mais vestígios daquele sentimento próximo a uma alegria que me acercara mais cedo, e nem sequer reminiscências salutares da Quinta de Mahler,

83

que aliás... antes de concluir o pensamento ouço um barulho intenso e curto, que em uma fração de segundos se repete três vezes. Do nada as pessoas começam a correr, algumas gritando "É tiro, é tiro". No meio dessa algazarra, quando me dou conta, estou no chão, talvez me empurraram, só sei que cambaleei para trás e caí, perdi minha bolsa. Sinto uma ardência. Olho em volta, a procurando, está ardendo muito, ferimento do tombo talvez. Não encontro a bolsa, e parece ser o pescoço que arde. Coloco a mão, sinto quente e pegajoso, há sangue entre meus dedos. Minha mente corre, mais veloz que o habitual, tentando entender o que aconteceu, por que aconteceu, mas só aconteceu. Os sons ao meu redor parecem distantes, passos apressados, vozes se aproximando, um zumbido indistinto. Cada respiração parece um esforço inatingível, e uma dor se espalha pelo meu corpo... concebo na tela mental alguns pormenores que... meus olhos... buscam o céu ... sem deuses ... Gau ... Gautier ... sim ... A .... Abai ... xo ... da .... Me ... Melancoli ...